lonely planet

24 H PARIS

MIT LOCALS UNTERWEGS

FOTOGRAFIERT VON RIVER THOMPSON

Es ist früh am Morgen in Paris und der Verkehr um den Arc de Triomphe beginnt bereits zu stocken. Das goldene Licht, das schon Künstler wie Pierre-Auguste Renoir und Claude Monet inspiriert hat, lässt die gemeißelte Innenseite des Bogens erstrahlen. Auf den folgenden Seiten findest du auch Fotos des Arc de Triomphe (und des nicht weniger berühmten Eiffelturms), aber zugleich ist dieses Buch so viel mehr als eine schlichte Auflistung der Highlights der französischen Hauptstadt.

Es ging uns darum, einen Tag im Leben dieser Weltstadt zu dokumentieren, aus der Perspektive eines Fotografen, der sie kennt und liebt. Wir wollten nicht nur die berühmten Sehenswürdigkeiten, sondern auch die alltäglichen Abläufe im Leben der Pariser festhalten. Der Aufbau des Buches folgt einem Tagesablauf: Wir beginnen mit einer Tasse Kaffee in einem der vielen Eckcafés, besuchen einen Obst- und Gemüsemarkt, genießen auf der Terrasse im siebten Stock der Galeries Lafayette den Blick auf die Dächer von Paris und schlendern anschließend – wie echte Pariser Flaneure – gemütlich durch die Stadtviertel und erkunden ihre Merkmale und Eigenheiten. Wir entdecken verborgene städtische Bauernhöfe, Straßen voller kleiner, charmanter Boutiquen, große Museen sowie klassische und zeitgenössische Architektur. Zum Abschluss des Tages setzen wir uns mit einer Flasche Wein auf einen Hügel und beobachten den Sonnenuntergang, bevor wir in einem der Pariser Jazzclubs durch die Nacht tanzen. Es ist wohl unmöglich, die Vielfalt von Paris vollständig zu erfassen, aber der Charakter der Stadt und ihrer Einwohner »hinter« den berühmten Sehenswürdigkeiten wird deutlich spürbar.

Für eine Aufgabe dieser Größenordnung suchten wir einen Fotografen, für den Paris eine Quelle der Inspiration ist. River Thompson ist in Frankreich aufgewachsen und hat eine Vielzahl von redaktionellen Beiträgen zu Themen in aller Welt veröffentlicht. »Für dieses Buch wollte ich die schönsten Alltagsmomente in Paris festhalten: die Konturen der Schatten am Morgen, die Farben, den Klang der Einheimischen, der Touristen und der ruhigen gepflasterten Straßen,« sagt River. Unterstützt wurde er dabei von der Autorin Nicola Williams, die seit vielen Jahren für Lonely Planet schreibt und am Südufer des Genfer Sees lebt. Sie besucht Paris regelmäßig, um sich von der außergewöhnlichen Kunst, der Architektur, den Einkaufsmöglichkeiten und der Küche begeistern zu lassen.

Gemeinsam fotografieren und beschreiben sie sämtliche Facetten des Pariser Lebens. Das Ergebnis ist diese visuelle Reise durch eine der größten Städte der Welt. Sie ist ein Vorgeschmack auf Paris und vermittelt Neulingen eine erste Idee davon, was es zu sehen und zu tun gibt, während sie langjährige Liebhaber der Metropole zu einer weiteren Reise nach »le gai Paris« inspiriert.

In der französischen Hauptstadt bricht ein neuer Tag an und die Straßen füllen sich mit Parisern, die zur Arbeit unterwegs sind. Das Wochenende beginnt obligatorisch mit einem gemütlichen *café* (Espresso) auf einem der Balkone, die nach der Neugestaltung der Stadt durch Baron Haussmann 1853 in Mode kamen.

Pariser Autofahrer müssen sich nicht nur mit einem Mangel an Parkplätzen herumschlagen, sondern auch mit der Place Charles de Gaulle, an der sich zwölf verkehrsreiche Alleen treffen. Sie wurde von Baron Haussmann auf Anweisung Napoleons III. geschaffen, um das Gewirr aus engen, schmutzigen Gassen aufzulösen.

In einer Stadt der Kaffee-Liebhaber ist The Beans on Fire, eine Kaffeerösterei mit Café im 11. Arr., ein Riesenerfolg. Das kolumbianische Duo Andrés und Maria sind die kreativen Köpfe hinter dem Geschäft. Sie haben auch die gemeinschaftliche Kaffeeröstung in der Pariser Szene eingeführt.

Sonnenaufgang in der Rue Rampon, einer bescheidenen Seitenstraße nahe der Place de la République im jungen Ausgehviertel, dem 11. Arr.

Die goldene geflügelte *Freiheit* auf der 47 m hohen Colonne de Juillet markiert auf der Place de la Bastille den Ort des berühmten Gefängnisses aus dem 14. Jh.

8 Uhr: Mit ihren Cafés, Läden, Galerien, Plakatwänden und kleinen Nähwerkstätten ist die Rue de Turenne, die durch das Herz des modischen Marais führt, eine echte Momentaufnahme des Lebens im 3. Arr. Die Straße wurde nach einem Generalmarschall aus dem 19. Jh. benannt, der hier in einem *hôtel particulier* (Stadtpalais) lebte.

Liliane Slama sitzt in der Rue de la Turenne 69 an ihrer Nähmaschine und repariert Röcke, Socken, *pantalons* und was die Einheimischen sonst noch zu ihr bringen.

Jede der 37 Seine-Brücken ist einzigartig: Einige zeigen Darstellungen von Fabelwesen und Steinnymphen, andere werden von goldenen Statuen geschmückt.

Freude am Morgen: aus der überfüllten Metro mit ihren 1,5 Milliarden Passagieren jährlich hinauf zu einem sonnigen Platz mit Linden, Rosskastanien und Platanen.

Als sich der D-Day im Jahr 2014 zum 70. Mal jährte, wurde der älteste Markt von Paris zu Ehren der Königin von England in Marché aux Fleurs Reine Elizabeth II umbenannt. In den romantischen Jugendstil-Pavillons auf der Île de la Cité kann man die frischesten Blumen der Stadt kaufen.

Orchideen, Fuchsien, Cocktail-Tomatenpflanzen, Geranien, Kräuter in kleinen Terrakotta-Töpfen, für verliebte Pariser ein Dutzend blutroter Rosen ...

... egal, wonach man sucht: Dieser historische Blumenmarkt, nur wenige Schritte von der Kathedrale Notre Dame entfernt, hat alles.

Blumen sind ein typisches Geschenk für den Gastgeber einer Pariser Dinnerparty. Nur zu speziellen Anlässen eignen sich Lilien und Chrysanthemen (Beerdigungen), weiße Blumen (Hochzeiten) und Nelken (stehen je nach Farbe für Hass oder Unglück). Der Strauß sollte eine ungerade Anzahl Blumen haben, aber nie sieben oder dreizehn.

»In den frühen Morgenstunden durch Paris zu schlendern, wenn die Sonne noch nicht zwischen den Gebäuden hindurchscheint und das Pflaster aufheizt, ist wirklich ein Vergnügen. Diese paar Minuten, bevor der Rest der Stadt erwacht, vermitteln das Gefühl, in der Zeit zurückzureisen. Während die Bäckereien gerade erst ihre Türen öffnen, leuchten Touristenattraktionen wie der Arc de Triomphe noch im Morgenlicht. In diesem Moment erscheinen sie nicht mehr als Sehenswürdigkeit inmitten von Menschenmassen, sondern als ein natürlicher Teil dieser schönen Stadt, genauso wie die Laternenpfähle und das Kopfsteinpflaster.«

– River Thompson

Place Charles de Gaulle wird vom üppig dekorierten Arc de Triomphe dominiert, durch den man ein Flugzeug fliegen könnte (was 1919 auch passiert ist).

Die Skulpturengruppe *La Marseillaise* zeigt die Freiwilligen, welche im Jahr 1792 von Marseille nach Paris marschierten, um gegen Österreich zu kämpfen.

Einst war das Arbeiterviertel Belleville, der alte Tummelplatz von Edith Piaf, ein Flickenteppich aus Bauernhöfen und Windmühlen. Heute verstecken sich hinter den multikulturellen Kulissen herausragende Craft-Bier-Brauereien, trendige Kaffeeröster und innovative Kunstprojekte.

Artwork by TOQUÉ FRÈRES

Mit seiner beeindruckenden Streetart, tollen Aussichtspunkten und einer aufstrebenden Gastronomieszene ist Belleville ein eher abseits liegendes Stück Paris, das die Erkundung aber lohnt – heute zumindest. Im Mittelalter wurden hier Verräter und Kriminelle aufgehängt und ihre Leichen dem Verfall überlassen.

9 Uhr: Auf dem lärmenden Marché de Belleville preisen Händler unter freiem Himmel ihre Waren lautstark in verschiedenen Sprachen an. Seit 1860 füllen die Stände jeden Dienstag- und Freitagmorgen den belebten Boulevard de Belleville, und er gilt als billigster Markt in ganz Paris.

Gegen 14 Uhr, kurz bevor der Markt schließt, macht man die besten Schnäppchen. Wer die aufstrebende Foodie-Szene der Stadt kennenlernen möchte, findet auf dem zweiwöchig stattfindenden Markt am Donnerstagabend rund 15 Verkaufsstände mit Speisen aus aller Welt, die man an einem der Tische essen oder mitnehmen kann.

Obst, Gemüse, schlachtfrisches Halal-Fleisch, indische Gewürze, tunesischer Couscous und mehr: Der Markt ist der perfekte Einstieg in diesen multikulturellen und lebhaften Schmelztiegel von Künstlern, Studenten und – seit den 1960er-Jahren – Einwanderern aus Afrika, Asien und dem Nahen Osten.

An den Ständen entlang der Allee türmen sich saisonale Produkte, darunter auch *champignons de Paris*. Die weißen Pilze wuchsen zwischen dem 17. Jh. und den 1960ern weitgehend unbeachtet in den Katakomben der Stadt, erfreuen sich seitdem aber wieder zunehmender Beliebtheit.

Paris steht für berühmte Wahrzeichen und exzellente Einkaufsmöglichkeiten, es ist also nur logisch, dass Souvenirs in der Stadt ein großes Thema sind. Straßenverkäufer führen spottbillige Eiffelturm-Schlüsselanhänger und »Paris, je t'aime!«-Shirts, und zwar nicht nur auf dem Markt von Belleville, sondern in der ganzen Stadt.

Flamingos im Fenster verschönern die gelbe Fassade von Antoine et Lili und heißen Vintage-Fans in dem bunten Allerlei willkommen.

Das Pariser Modehaus verkauft urbane Fair-Trade-Kleidung für Frauen (rosa Geschäft) und Kinder (grün) sowie Deko im Vintage-Stil (gelb).

Am 1825 eingeweihten (und durch eine Weinsteuer finanzierten) Canal Saint-Martin im Osten der Stadt wird gerne gepicknickt, spaziert, gespielt und gesprayt.

Das *café de quartier* (Café in der Nachbarschaft) ist in Paris eine Tradition. Bei Craft, einem Kaffeespezialisten in der Rue des Vinaigriers, wird es neu definiert.

Bei Craft verbringen Boutique-Shopper und Laptop-Kämpfer ihre Pause zwischen Einkaufstouren und Geschäftsterminen in der Umgebung des Canal Saint-Martin. Der *designer espace de coworking* (Co-Working-Café) ist ein wachsendes Phänomen im Paris des 21. Jh., eine Art modernes Wasserloch für Kreative.

Wer durch die Tür der Belle-Époque-Bäckerei Du Pain et des Idées tritt, kann im Schein der Kronleuchter einen Innenraum aus dem Jahr 1899 bewundern.

Marianne ist das Symbol Frankreichs – ihre Statue steht auf der Place de la République, wo sich die Pariser traditionell versammeln, um zu protestieren.

Auf der Rue Custine (benannt nach einem General, der 1793 auf der Place de la Concorde hingerichtet wurde) zeigt sich die Haussmann-Architektur.

Gemäß Baron Haussmanns Vorstellungen beim Umbau des mittelalterlichen Paris' im Jahr 1853 sind die Gebäude an dem Boulevard fünf Stockwerke hoch.

10 Uhr: Die Café-Kultur von Montmartre ist legendär. Das malerische Hügelviertel im Norden von Paris wurde im späten 19. und frühen 20. Jh. durch die Exzesse brillianter, aber mittelloser Maler wie Claude Monet, Picasso, Toulouse-Lautrec und Van Gogh berühmt.

»Es mag ein Klischee sein, aber für mich ist Paris fest mit Kaffee verbunden, vor allem morgens. Die kleinen Cafés an der Ecke sind der ideale Ort, um aufzuwachen oder auch einfach nur dazusitzen und die Welt zu beobachten. Es ist ein ganz besonderes Gefühl, sich nach einem Fotoshooting bei Sonnenaufgang in einem Café einen Kaffee zu gönnen oder dort einfach nur fünf Minuten lang zu sitzen, um den bevorstehenden Tag zu planen. La Halte du Sacre Coeur an der Ecke Rue Becquerel und Rue Custine war mein Lieblingsplatz in Montmartre für den Morgenkaffee. Ich brauchte nur zwei Tage, um die Namen der Einheimischen zu lernen, die man dort jeden Tag um 8 Uhr antrifft. Eric Didier (im Foto links) ist einer von ihnen.«

– *River Thompson*

Alte steingepflasterte Gassen führen bei unglaublicher Steigung *la butte* hinauf, den 130 m hohen Hügel, auf dem Montmartre thront.

Das Viertel gehört erst seit 1860 zu Paris, davor lag es außerhalb der Stadtgrenzen und war von Weinbergen und Windmühlen geprägt.

Clos Montmartre ist der letzte verbliebene Weinberg von Paris. Hier werden jährlich bis zu 1000 Flaschen Wein aus über 25 verschiedenen Rebsorten produziert.

Künstler, Bohemiens, Revolutionäre, Cancan-Tänzerinnen, geköpfte Märtyrer und Winzer haben alle ihren Teil zur Geschichte des Montmartre beigetragen.

Die Rue du Mont-Cenis in Montmartre ist passenderweise nach einem Gipfel der französischen Alpen benannt: Die mittelalterliche Steinpflasterstraße ist alpin steil.

Nach der vernichtenden Niederlage gegen Preußen wurde 1874 die perlweiße Basilique de Sacré Coeur erbaut, um zu spiritueller Gesundheit zurückzufinden.

Der Pariser Straßenkünstler Invader (geb. 1969) ist seit Ende der 1990er in der Stadt aktiv. Seine Keramik-Kachelmosaike mit pixeligem Aussehen sind von den frühen 8-Bit-Videospielen der 1970er und 1980er inspiriert und alle unterschiedlich. Erstaunlicherweise kennen nur wenige Menschen seine wahre Identität.

Franzosen lieben das Essen und so ist es nicht überraschend, dass es in jedem Viertel viele kleine unabhängige Lebensmittelgeschäfte gibt.

Man findet grundsätzlich eine *boulangerie* (Bäckerei), eine *boucherie* (Metzgerei) sowie Obst- und Gemüsegeschäfte. Letztere verkaufen frische Produkte, die am frühen Morgen auf dem Marché de Rungis, dem größten Lebensmittelgroßmarkt der Welt, am Stadtrand von Paris gekauft wurden.

11 Uhr: Chaotisch geht's auf dem atmosphärischen Marché d'Aligre zu. An den Ständen in der Rue d'Aligre und auf der angrenzenden Place d'Aligre werden von Dienstag bis Sonntag zwischen 8 und 13 Uhr Obst, Gemüse, Kräuter und Gewürze verkauft. Bei Café Aouba gibt's kräftigen dunkel gerösteten Kaffee.

Im Osten von Paris nahe der Bastille, Rue d'Aligre und Place d'Aligre liegt der Foodie-Himmel. Poissonnerie d'Aligre ist einer von drei Fischhändlern dort.

La Grille auf der Place d'Aligre ist die *bar du marché*. Standinhaber holen sich hier ab 5 Uhr morgens ihren Kaffee und wärmenden Grog aus dem berühmten Minztee.

Gourmets leisten sich gerne einen Zwischenstopp bei La Graineterie du Marché, dem alten Lebensmittelladen von José Ferré an der Place d'Aligre. In der letzten *graineterie* (Getreidegeschäft) von Paris türmen sich Flaschen mit Öl, Essig und handgemachter Limo sowie bretonische Sardinen, Haushaltswaren, Getreide, Mehl und Samen.

Draußen verströmen frische Kräuter und aromatische Pflanzen einen herrlichen Duft rund um das älteste Geschäft der Gegend. Marmeladen, Chutneys und verschiedene Honigsorten sind weitere Naturprodukte, die im Inneren verkauft werden.

Zwischen den Ständen an der Rue d'Aligré verbirgt sich die historische überdachte Markthalle Marché Beauvau – seit 1843 ein beliebtes Wochenendziel.

Pariser kaufen Geflügel, Kaninchen, Hase, saisonales Wild und natürlich Kutteln bei Au Chapon d'Aligre, einem geschäftigen Metzger mit entsprechender Deko.

Das Einkaufen von saisonalen Produkten, Oliven, frischen Mandeln, Gewürzen, Wurst und Käse auf dem Morgenmarkt ist für Pariser Teil der Lebenseinstellung.

Jedes *quartier* hat seinen eigenen Markt, der an bestimmten Tagen in der Woche zum Leben erwacht. Bring eine eigene Einkaufstasche mit!

Tauben gelten in Paris seit Langem als Plage. Die Stadtbehörden gehen davon aus, dass es insgesamt rund 80000 von ihnen gibt – eine Taube auf 25 Pariser. Für die Fütterung kann eine Geldbuße von 68€ fällig werden, und bei den Olympischen Sommerspielen 1900 in Paris gab es sogar ein Lebendtaubenschießen.

Noch versteckt sich die eiserne Dame hinter den charakteristischen Hausmannschen Gebäuden mit großen Fenstern und eleganten schmiedeeisernen Balkonen.

Heute mögen Tauben Schädlinge sein, aber während der Stadtbelagerung im Deutsch-Französischen Krieg (1870) waren sie ein wichtiges Kommunikationsmittel.

Die Aussicht von der Spitze des Eiffelturms – bei der Enthüllung 1889 das höchste Bauwerk der Welt – reicht an klaren Tagen bis zu 60 km weit.

Für Olympia 2024 hat Bürgermeisterin Anne Hidalgo 22 Mio. € für Geräte zur Straßenreinigung eingeplant, denn viele Pariser scheren sich nicht um Mülleimer.

1948 verabschiedeten die Vereinten Nationen die Allgemeine Erklärung der Menschenrechte im Palais de Chaillot. Die glitzernden Statuen auf der Esplanade des Droits de l'Homme vor dem Palast stellen acht allegorische Figuren dar: Jugend, Blumen, Morgen, Land, Vögel, den Gärtner, Frühling und Früchte.

Legendär ist Guy de Maupassants Hass auf den Turm: Er aß oft in dessen Restaurant, weil er ihn dann nicht sehen musste. Alle anderen lieben ihn hingegen.

Ein spektakulärer Blick auf den Eiffelturm bietet sich von der südlichen Terrasse des Palais de Chaillot, einem neoklassischen Palast am rechten Ufer. Der monumentale Innenraum des 1937 für die Weltausstellung erbauten Gebäudes beherbergt heute drei Museen, ein Restaurant und ein Theater.

Nach dem Eiffelturm haben die Galeries Lafayette die größte Anziehungskraft auf Besucher. Die spektakuläre Jugendstilarchitektur stammt aus dem Jahr 1912.

Über den sieben Etagen mit wunderschönen Waren befindet sich La Terrasse, mit Olivenbäumen, Liegestühlen, einem Teleskop und einem fantastischen Panorama.

1919 landete der Pilot Jules Védrines mit seiner Caudron G3 auf dem Dach. Er war damit der erste »Täter« der Luftfahrtgeschichte und bekam eine Geldstrafe.

Die Galeries Lafayette wurden 1893 als winziges Kurzwarengeschäft (70 m²) gegründet. Heute krönt eine 43 m hohe Jugendstilkuppel die zentrale Halle.

Cupola – Galerie Lafayette, Paris – 2012 ©Yann Kersalé-SNAIK

1912 wurde der Glasmacher Jacques Grüber beauftragt, die Kuppel in ein schillerndes Wunderwerk aus farbigem Glas zu verwandeln. Ein Jahrhundert später, im Jahr 2012, wurde das prächtige neobyzantinische Erscheinungsbild mit Designerbeleuchtung des französischen Konzeptkünstlers Yann Kersalé ergänzt.

Der weitläufige Panoramablick von der windgepeitschten La Terrasse umfasst den Eiffelturm, Montmartre und die Pracht des opulenten Opernhauses Palais Garnier. Von diesem grüßen die funkelnden vergoldeten Figuren *L'Harmonie* und *La Poesie* von Charles Gumery und die bronzenen Pegasus-Statuen von Eugène-Louis Lequesne.

Kein Pariser Viertel hat mehr Treppen als Montmartre. Wem die 300 Stufen *de trop* (zu viel) sind, fährt mit der Standseilbahn aus dem Jahr 1900.

Das Apartmentleben ist in Paris die Norm – 96,7% der Einheimischen leben in einer Wohnung, meist in einem winzigen Studio oder in zwei Zimmern.

In der Rue de la Vieuville kann man das moderne Gesicht dieses berüchtigten Künstlerviertels entdecken. Nikolas Serdar leitet Kunstworkshops in Haus 17 und es gibt reichlich Streetart zu sehen. Künstler wie Toulouse-Lautrec, Paul Signac und Utrillo ließen in der berühmten Werkstatt von Anzoni ihre Bilder rahmen.

Montmartres legendäre Basilique du Sacré Coeur bietet nicht nur taubenweiße Kuppeln und einen fantastischen Blick auf die Stadt. Wer den Hinterhof mit dem beschaulichen Wassergarten samt Springbrunnen erkundet, kann die Menschenmassen hinter sich lassen und an ruhigen Plätzchen der Meditation frönen.

Ab 1910 aß Pablo Picasso häufig im La Maison Rose in Montmartre. Die Besitzerin Germaine Gargallo stand für mehrere seiner Porträts Modell.

Charles Garniers neobarockes Opernhaus, das Palais Garnier, wurde 1875 mit großem Trara eröffnet. Seine bunte und oft finstere Geschichte inspirierte den Pariser Autor Gaston Leroux 1910 zu seiner düsteren Liebesgeschichte *Das Phantom der Oper*, die Andrew Lloyd Webber 1986 in ein Musical verwandelte.

Das Palais Garnier wurde auf einem Sumpf errichtet und befindet sich oberhalb eines großen Wassertanks, der von der Pariser Feuerwehr für Trainingseinsätze genutzt wird. 1896 wurde ein Arbeiter getötet, als eines der Gegengewichte des Kronleuchters – sieben Tonnen Bronze und Kristall – auf ihn niederstürzte.

Autofahrer, die neu in der Stadt sind, können sich an der Place de l'Europe im 9. Arr. oft nur schwer orientieren. Die Straßen, die 1826 im Rahmen eines Urbanisierungsprojekts im Quartier de l'Europe entstanden, wurden nach europäischen Städten benannt: Rue de Vienne, Rue de Madrid, Rue de Lisbonne, Rue de Bruxelles etc.

12 Uhr: Einheimische zieht es ins Café Vert Tulipe in der Rue de Londres, wo man die Morgensonne wunderbar bei Kaffee und Croissant genießen kann. Wie in allen Pariser Cafés ist der Platz eng und die Stühle werden mit militärischer Präzision aufgestellt. Wenn man geht, muss man den Stuhl wieder ordentlich einreihen.

Dieses Stuhldesign ruft unmissverständlich: »Paris!« Das berühmte Modell Luxembourg wurde 1923 vom Parkamt für den Jardin du Luxembourg entworfen.

Der 23 m hohe Obelisk auf der Place de la Concorde stammt aus Ägypten und ist mit 3300 Jahren das älteste Denkmal der Stadt. Er gelangte 1833 nach Paris.

Die Pâtisserie Ladurée und ihre minzgrünen Schachteln voller leichter, mit Ganache gefüllter Macarons sind der letzte Schrei unter Gourmets. Sie wurde 1862 eröffnet und kreierte in den 1930ern das charakteristische Gebäck. Vom Geschäft in der Rue de Castiglione im 1. Arr. ist es nur ein kurzer Bummel zur Place Vendôme.

13 Uhr: Der Marais-Distrikt am rechten Ufer beherbergt die letzten Überreste des bunten jüdischen Viertels Pletzl, wovon die koscheren Lebensmittelgeschäfte und Falafel-Buden zeugen. Es beginnt an der Rue des Rosiers und erstreckt sich über die Rue Ste-Croix de la Bretonnerie zur Rue du Temple.

»Freiheit, Gleichheit, Brüderlichkeit«, Frankreichs Wahlspruch, ist oft an Schulen, Rathäusern und öffentlichen Gebäuden in Paris zu lesen. Er geht auf die Zeit der Aufklärung zurück, wurde während der Französischen Revolution als Schlachtruf verwendet und wird seit 1880 öffentlich in Stein gemeißelt.

Yves Saint Laurent stellte einmal fest, dass Mode eine Lebenseinstellung sei, und die meisten Pariser würden ihm zustimmen – mühelos gut gekleidet zu sein scheint in ihrer DNA zu liegen. Die Augen der Modewelt richten sich zweimal im Jahr auf die französische Hauptstadt, wenn berühmte Designer die Paris Fashion Week zelebrieren.

Im eklektischen und hippen 10. Arr. im Norden von Paris taucht man unmittelbar ins lokale Leben ein. Von Norden nach Süden verläuft die Rue du Faubourg Saint Martin, die Hauptader des Viertels. Sie steckt voller Weinbars für Kreative, Third-Wave-Cafés und vereinzelten Bürgersteig-Terrassen.

Im 11. Arr. lebte einst die Arbeiterklasse, heute ist es die Heimat der Hipster. In der Rue Charonne spürt man den unverwechselbaren Herzschlag des Viertels.

Bei Cours de l'Industrie kann man Künstlern bei der Arbeit zusehen. Die Fachwerkhäuser aus dem 17. Jh. wurden renoviert und 2017 wiedereröffnet.

Ganz in der Nähe, in der Rue de Montreuil, füllen Galerien und Künstlerworkshops eine weitere Vintage-Adresse mit künstlerischem Erbe: La Cité d'Ameublement. In den 1930ern hatten die Schreiner und Möbelhersteller der Stadt hier ihre Werkstätten und kleinen Fabriken.

Pariser Streetart hat weit mehr zu bieten als besprühte Ladenverschläge. In der ganzen Stadt möbelt *urban knitting* (urbanes Stricken) ansonsten unscheinbare Bänke, Treppenhäuser, Risse im Bürgersteig und Bäume auf. Die Place Léon Blum im 11. Arr. ist ein guter Ausgangspunkt, um einige der öffentlichen Kunstprojekte zu bewundern.

Eine Gruppe Pariser Männer, ein kiesiger Platz in der Nachbarschaft, und schon entwickelt sich eine traditionelle Pétanque-Partie auf dem rauen Sand. Der Ball, der dem *cochonnet* (Ferkel) am nächsten liegt, gewinnt. Der älteste Pétanque-Platz befindet sich in den Arènes de Lutèce, einem runden römischen Amphitheater im 5. Arr.

Bürgermeisterin Anne Hidalgo will Paris zu einer Fahrrad-Metropole machen – 5% aller Fahrten erfolgen heute mit dem Fahrrad, bis 2020 sollen es 15% sein.

1653 führte Paris als erste europäische Stadt Briefkästen ein, doch erst in den 1820ern verbreiteten sich die kanariengelben Container in ganz Frankreich.

Nachts ist die Rue de Lappe im 11. Arr. ein raues Pflaster voller Bars, aber auch tagsüber ist sie einen Spaziergang wert. Einwanderer aus der Auvergne kamen im 19. Jh. und verkauften in *cafés-charbons* sowohl Kaffee als auch Kohle. Die Straße wurde bald zu einem Vergnügungsviertel mit Tanzsälen, in denen Akkordeon gespielt wurde.

Die Rue de Lappe stammt aus dem 17. Jh., aber die heutigen Gebäude sind eine Mischung aus zeitgenössischer und alter Architektur. In den 1980ern entwarf der postmoderne spanische Architekt Manolo Núñez Yanowsky mehrere Gebäude in Paris, darunter das Apartmentgebäude in der Rue de Lappe 11.

Jedes *quartier* hat seine eigene Brasserie, die Entrecôte, *boudin* (Blutwurst) und *confit de canard* (eingekochte Entenbrust) serviert und hinter einer Bar mit dunklen Bistrostühlen eine herzhafte Auswahl an französischen Weinen führt. Zu empfehlen ist das Café de l'Industrie an der Rue Saint-Sabin im 11. Arr.

An Nachmittagen herrscht im Café de l'Industrie die Ruhe vor dem Sturm. Ab 17 Uhr fallen dann die Berufstätigen ein, um nach der Arbeit ein Gläschen Kir mûre (Weißwein und Brombeerlikör), Pastis oder Vin Rouge (Rotwein) zu kippen, denn ein Aperitif vor dem Abendessen gehört einfach dazu.

Da Frankreich das Rauchen in öffentlichen geschlossenen Räumen 2007 verboten hat, hat jedes Café ein paar Tische im Freien, die Rauchern Zuflucht für ihr Laster bieten, egal ob bei Regen, Hagel oder Sonnenschein – das Café de l'Industrie bildet da keine Ausnahme.

»Es muss an einem Donnerstag gewesen sein – der einzige Wochentag, an dem La Maison du Pastel geöffnet ist – und es regnete. Im Laden wollte ich sofort meine Kamera beiseitelegen, die üppige Farbpalette erkunden und mehr über die Geschichte dieses einzigartigen Pastellgeschäfts erfahren. Mit dem Regen, der stetig ans Fenster prasselte, war der Besuch dieses schwach beleuchteten Ladens ein echtes Pariser Erlebnis. Während Margaret Zayer gemächlich Hunderte von Pastelltönen in ihren schönen Holzschalen ausbreitete, überblickte ich den gepflasterten Platz und fühlte mich wie ein Künstler aus dem 19. Jahrhundert«

– *River Thompson*

Einen Block nördlich des Centre Pompidou begeistert der älteste Pastellhersteller der Welt, La Maison du Pastel im 3. Arr., mit seinem Regenbogen aus Farben – zuletzt führte er 1201 verschiedene Farbtöne. Seit 1720 hat er einige der größten Maler des 19. Jh., darunter Degas, Manet, Millet und Sisley, mit Pastellkreiden versorgt.

1865 kaufte Henri Roché, ein Apotheker aus Paris, La Maison du Pastel. Das Unternehmen zog 1912 in den heutigen Innenhof an der Rue Rambuteau um, in den 1930ern verlagerte sich die Produktion in die billigeren Vororte. Heute führt Isabelle Roché, eine entfernte Verwandte, den Laden mit ihrer Geschäftspartnerin Margaret Zayer.

Die bezaubernde Boutique verkauft handgemachte Pastellfarben in Nuancen wie Seebraun, Geraniumrot, Vulkanorange, Laubfroschgrün und Französischem Blau. Das Sortiment ist kleiner als zur Hochphase im frühen 20. Jh., hat sich aber nach zwischenzeitlicher Flaute wieder verdoppelt, seitdem Isabelle das Geschäft übernommen hat.

In Paris erzählen die Straßennamen Geschichten, etwa von der Katze, die sich bei Überschwemmungen in der Rue du Chat qui Peche im 5. Arr. im Angeln versucht hat. Der Square des Poètes im Westen feiert die Natur in der französischen Poesie: Auf 48 Tafeln entlang blumengesäumter Pfade stehen Zitate französischer Dichter.

In der Nähe des Square des Poètes erheben sich die Treibhäuser des Jardin des Serres d'Auteuil – sie sind eine der »geheimen« kostenlosen Attraktionen der Stadt. Die beheizten Gewächshäuser aus dem Jahr 1898 beherbergen riesige Palmen, wilde Kakteen, exotische Blumen, eine Voliere und einen Fischteich mit japanischen Karpfen.

15 Uhr: Woher kommen eigentlich all die schönen Topfpflanzen und Blumen, welche die Pariser Verwaltungsbüros schmücken? Ganz einfach: aus den Gewächshäusern des Jardin des Serres d'Auteuil, der seit mehr als zwei Jahrhunderten als botanischer Garten dient. Jährlich werden hier mehr als 100 000 Pflanzen gezogen.

Bezaubernd und zugleich tropisch: Der Botanische Garten liegt am südöstlichen Rand des Bois de Boulogne im Westen von Paris und ist eines der »Zen-Retreats« der Stadt. Der Bois de Boulogne selbst ist zudem der zweitgrößte Park von Paris, er wurde teilweise dem Hyde Park in London nachempfunden.

Die Gewächshäuser in den Gärten wurden zwischen 1895 und 1898 von dem Architekten Jean-Camille Formigé entworfen und gebaut.

1852 beauftragte Napoleon III. den Stadtplaner Baron Haussmann mit der Neugestaltung des Bois de Boulogne, eines riesigen, uralten Waldgebietes.

Haussmann riss die Mauer aus dem 16. Jh. um das ehemalige königliche Jagdgebiet nieder und pflanzte 400 000 Bäume, um einen offenen, luftigen Raum zu schaffen. Ob bei einer Partie Boule oder für ein paar Sonnenstrahlen im Sommer, Bois de Boulogne ist der Ort, an dem die Pariser am Wochenende entspannen.

Monsieur Gomez genießt die sommerlichen Sonnenstrahlen im Bois de Boulogne.

»Ich war mir nicht sicher, ob ich mich dem Mann nähern sollte, der sich in einer knappen Badehose im Bois de Boulogne sonnte, eine kurze U-Bahnfahrt vom Pariser Zentrum entfernt. Nach langem Zögern nahm ich allen Mut zusammen und fragte den Sonnenanbeter, ob er zu einem Gespräch und vielleicht zu einem Porträt bereit sei. Monsieur Gomez ist so sehr Pariser, wie man es nur sein kann. An warmen Wochenenden zieht er sich aus dem Trubel der Großstadt in den grünen Bois de Boulogne zurück, wo er sich den Freuden des »Landes« hingibt. Seine Stadt behält er dabei aber im Auge – sie ist in Form der Eiffelturmspitze, die zwischen den Bäumen am Horizont hervorlugt, immer präsent.«

– River Thompson

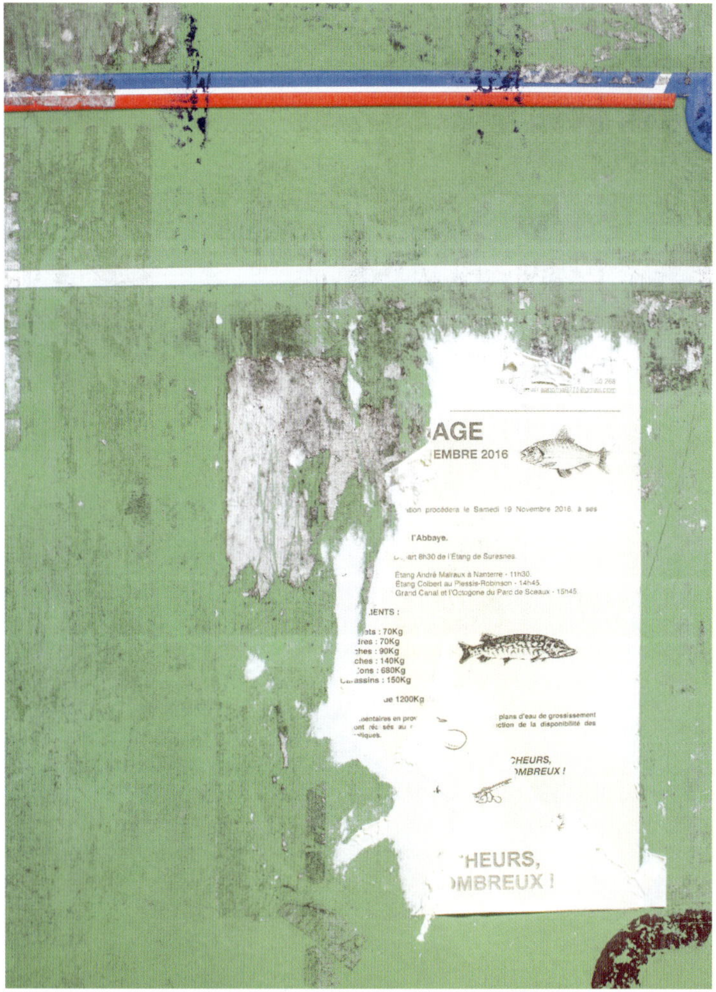

Der Bois de Boulogne ist ein großer Spielplatz: In dem gigantischen Park warten Seen, Grotten und Pferderennbahnen, ein Vergnügungspark, das Château de Bagatelle aus dem 18. Jh., ein Freilichttheater sowie ein romantischer Garten mit Blumen und Bäumen, in dem Stücke von William Shakespeare aufgeführt werden.

Im Bois de Boulogne zu promenieren oder im Lac Inférieur zu rudern waren aristokratische Zeitvertreibe des 19. Jhs., heute sind sie bei jedermann beliebt. Auf einer der beiden künstlichen Inseln steht das Restaurant Le Chalet des Îles – das Schweizer Chalet war ein Geschenk Napoleons III. an Kaiserin Eugénie, die er 1853 heiratete.

Im 19. Jh. beflügelten Alltagsszenen – Pariser bei der Arbeit oder beim Spielen im Bois de Boulogne – die Fantasie der Impressionisten. 1868 malte Auguste Renoir Einheimische beim Eislaufen auf einem zugefrorenen See, und die Pionierin des Impressionismus, Berthe Morisot, malte Dutzende Szenen im Bois de Boulogne.

Nachdem man das vielfältige Leben im Park beobachtet hat, kann man Teile davon auch in Morisots Darstellungen bewundern. Die Ölbilder, Aquarelle und Pastelle hängen im Musée Marmottan Monet (neben der weltweit größten Sammlung von Gemälden Monets) in einem alten Jagdhaus am östlichen Rand des Parks.

Der ruhige, 4,5 km lange Canal Saint-Martin, 1825 erbaut, erfüllte einen doppelten Zweck: Er schuf eine Schifffahrtsroute in die Stadt und versorgte Paris mit Süßwasser. Von der Fußgängerbrücke an der Kreuzung Rue de la Grange aux Belles und Quai de Jemmapes aus kann man zusehen, wie sich die alte Brücke für Boote öffnet.

Pariser und Touristen unternehmen an den Ufern des Canal Saint-Martin gerne Spaziergänge, Radtouren und Picknicks oder gönnen sich einen Drink in den Bars und Cafés am Wasser. Als der Kanal 2016 gereinigt wurde, gehörten 100 Fahrräder, eine Toilette, eine Badewanne und ein Skischuh zu den unerwarteten Funden.

Die Feuerwehrmänner von Paris sind nationale Ikonen. Sie sind bekannt für ihr gutes Aussehen (kauf dir einen Kalender!) und ihr Können und gelten als Elite der französischen Feuerwehrleute. Im Gegensatz zu anderen Brigaden sind sie auch eine 8550 Mann starke Militäreinheit in der französischen Armee.

Parkour wurde beim französischen Militär geboren und entwickelte sich in den 1980ern in den Pariser Vororten zu einem urbanen Sport. Die Dächer sind das Hauptterrain der *traceurs*, aber sie klettern, springen und laufen auch auf Brücken, an Gebäudefassaden und auf Mauern.

Wildschwimmen ist in den Pariser Kanälen verboten, aber 2017 wurde der erste ausgewiesene Badebereich im Canal de l'Ourcq eröffnet. Er ist über den größten künstlichen See in Paris, das Bassin de la Villette, mit dem nördlichen Ende des Canal Saint-Martin verbunden. In dem schwimmenden Pool haben bis zu 300 Personen Platz.

Ein Besuch im multikulturellen Paris: Kaufe Saris und Currygewürze in Kleinindien rund um die Passage Brady im 10. Arr., probiere chinesische Nudeln und vietnamesischen Pho Bo in Chinatown im 13. Arr. und in Belleville und genieße die senegalesische *yassa*, bevor du bei Goutte d'Or im 18. Arr. nach afrikanischen Stoffen stöberst.

CENTRE POMPIDOU © Studio Piano & Rogers, architects

16 Uhr: Jahrhundertelang versuchten französische Regenten, sich durch riesige öffentliche Gebäude oder Großprojekte in Paris unsterblich zu machen. Bei seiner Eröffnung 1977 geschmäht, heute geliebt: Das Centre Georges Pompidou wurde von dem ehemaligen Präsidenten initiiert und nach ihm benannt.

Das Centre beherbergt Europas größte Sammlung moderner Kunst und organisiert Ausstellungen, Aufführungen und andere Veranstaltungen. Die riesigen Lüftungsschächte ragen an der Place Georges Pompidou empor. Der Platz und die nahegelegenen Fußgängerzonen ziehen an sonnigen Tagen Musiker, Gaukler und Pantomimen an.

Im Jardin des Plantes am linken Ufer tummeln sich ein Dodo, eine Art Ur-Giraffe, eine gehörnte Schildkröte, ein Berberlöwe und andere fantasievolle Kreaturen. Sie nehmen die kleinen Gäste zu einer Karussellfahrt im Dodo Manège mit, der von einem Wissenschaftler des nahegelegenen Naturhistorischen Museums erdacht wurde.

Vergiss langweilige Schokolade oder Vanille: Das französische Vorzeigegebäck, das *éclair*, wird bei Christophe Adams L'Eclair de Génie neu entdeckt. Wie bei der Mode wird auch hier zu jeder Saison eine neue Kollektion eingeführt. Wie wär's etwa mit Himbeer mit weißer Schokoladenglasur?

Im quirligen Viertel Saint-Ouen mit dem größten Flohmarkt der Welt (Marché aux Puces de Saint-Ouen) liegen aufgegebene Bahngleise, die einst Teil der Petite Ceinture waren. Die Strecke verlief ab dem späten 19. Jh. auf 30 Kilometer rund um das Zentrum, 1934 wurde sie für Personenzüge geschlossen.

Güterzüge nutzten die Petite Ceinture bis in die frühen 1990er, danach verfielen die Schienen, bis sich Umweltschützer mit dem Gebiet befassten. Heute kultivieren Freiwillige hier Kleingärten und Grünanlagen, die einen Rahmen für Pop-up-Cafés, Antiquitätengeschäfte und Trödelläden bilden.

17 von einst 29 Stationen der Linie existieren noch. Im Gare Ornano in der Nähe von Porte de Clignancourt hat sich nun das umweltbewusste Unternehmen La REcyclerie eingerichtet. Auf dem Area befinden sich eine Reparatur- und Recyclingwerkstatt, ein Garten, ein Bauernhof mit Hühnern und Enten, Gemüsebeete und Bienenstöcke.

Ein besonderer Blickfang bei La REcyclerie ist die höhlenartige, aber lichtdurchflutete Café-Kantine – ein heißer Tipp nach einem Einkaufsbummel am Wochenende zwischen den 2500 Ständen des nahegelegenen Marché aux Puces de Saint-Ouen. Hier wird, ganz im Trend, nur mit regionalen Zutaten gekocht.

Bei La REcyclerie kann man sein eigenes natürliches Aloe-Vera-Duschgel herstellen, sich die Hände im *potager*, dem Gemüsegarten, schmutzig machen, Kleinkram einkaufen, interessante Gespräche führen, Workshops besuchen oder sich mit Freunden zum Brunch treffen.

Place des Vosges ist der älteste Platz in Paris, er wurde 1612 als Place Royale eingeweiht. 1799 wurde er dann nach dem Département Vosges benannt, das als Erstes in Frankreich seine Steuern zahlte. Die 36 Gebäude mit Arkaden aus rotem Backstein rund um den Platz sind symmetrisch angelegt.

Bei L'Ebouillanté auf der urigen gepflasterten Rue des Barres genießen Pariser den Hibiskusblütensirup und die hausgemachte Zitronenlimo mit Ingwer.

Boule, Basketball, Inlineskating und Tischtennis im Freien: Die Pariser waren schon immer große Fans von *sport de plein air*.

Das Marais (Sumpf) machte seinem Namen alle Ehre, bis der Sumpf im 13. Jh. zu Ackerland wurde, auf dem man Gemüse für die Stadt anbaute. Im frühen 17. Jh. gewann es an Popularität, und auch heute gilt das Viertel mit seinen Öko-Cafés und stilvollen Boutiquen als außerordentlich hip.

17 Uhr: Es gibt viele Betonklötze, Bänke und Kanten für Frontsides, Grinds und Lip Slides, die die riesige pulsierende Place de la République zu einem natürlichen Knotenpunkt der Pariser Skateboard-Szene machen.

Im Jahr 2024 wird Paris die zweite Stadt sein, in der Skateboarding – sowohl auf der Straße als auch im Park – als olympischer Wettbewerb ausgetragen wird (die Disziplin wird 2020 in Tokio eingeführt). Im September findet jährlich das Paris Surf & Skateboard Film Festival statt, inspiriert von der dynamischen Skateboardkultur der Stadt.

Pont Neuf, eine architektonische Sensation aus dem Jahr 1604, ist die älteste Brücke von Paris. In den Tagen, als die Pariser einen Fährmann bezahlen mussten, um die Seine zu überqueren, war der Pont Neuf ein bedeutender Fortschritt. König Heinrich IV. passierte ihn auf dem Rücken eines weißen Hengstes als Erster.

Sand, Liegestühle, Sonnenschirme, Topfpalmen, Wasserpistolen, Eisverkäufer und Sandburgenwettbewerbe? Das kann nur Paris Plage entlang der Seine sein.

Die malerischen Seine-Kais sind seit 1991 UNESCO-Weltkulturerbe und schon sehr viel länger ein großer Hinterhof für beengt wohnende Pariser.

37 Brücken überspannen die Seine, darunter zwei Zugbrücken und fünf Fußgängerbrücken. Der Pont des Arts vor dem Louvre ist bekannt für die Vorhängeschlösser, die ihn einst beschwerten. Verliebte schrieben ihre Initialen auf ein Schloss, befestigten es an der Brücke und warfen den Schlüssel in die Seine, um ihre Liebe zu beweisen.

2015 wurden 65 Tonnen Schlösser entfernt und später versteigert. Der Ertrag ging an Wohltätigkeitsorganisationen, die Flüchtlingen helfen.

Weiß, die Farbe des Hauses Bourbon, wurde mit dem traditionellen Rot und Blau der Stadt vereint, um nach der Revolution eine Nationalflagge zu kreieren.

Von Montag bis Freitag sind die gepflasterten Gassen, in denen sich Künstler, Antiquitätenhändler und Galeristen treffen, wunderbar ruhig. Am Wochenende (und während des monatlichen Flohmarkts) zieht es Pariser Modefans jedoch massenhaft ins Village Saint-Paul, eine Designer-Hochburg mit fünf Innenhöfen im Viertel Marais.

In den 1970ern entstanden die Höfe des Village Saint-Paul aus den ummauerten Gärten von König Charles V. aus dem 14. Jh. Heute füllen Boutiquen, Galerien und Antiquitätenläden das Labyrinth – hin gelangt man über Zugänge in der Rue Saint-Paul, Rue Ave Maria und in den Gärten Saint-Paul und Charlemagne.

Das modeverrückte Paris erwacht auf dem Boulevard Saint-Germain zum Leben. Er ist die Lebensader von Saint-Germain des Prés, dem filmreifen *quartier* am linken Ufer.

Im frühen 20. Jh. hingen Ernest Hemingway und die Literaten der Stadt in der Brasserie Lipp ab, einem Bar-Restaurant am Boulevard Saint-Germain seit 1880.

Saint-Germains literarisches Erbe wird nirgends deutlicher als im Les Deux Magots, wo Simone de Beauvoir und Jean-Paul Sartre saßen, dachten und schrieben.

Vom legendären Le Bonaparte aus kann man einen Blick auf die Église Saint-Germain-des-Prés aus dem 6. Jh. werfen, in der Descartes bestattet wurde.

Außerhalb der Kirche dient ein Zaun als Ausstellungsort für die Werke des in Delhi geborenen Straßenkünstlers Yaseen Khan. Sein auffälliges Werk mischt kurze Zeilen ergreifender Poesie – einige selbst erdacht, andere geborgt – mit Tuschzeichnungen und Gemälden von Menschen mit dreieckigen Köpfen.

Khan, mittlerweile über 70, hat mehr als die Hälfte seines Lebens in Paris verbracht und gehört in Saint-Germain schon fast zum Inventar. Man erkennt ihn leicht an seinem charakteristischen weißen Anzug, der im Winter durch einen weißen Mantel, im Sommer durch einen Strohhut und grundsätzlich durch eine Krawatte ergänzt wird.

Im 18. Arr. im Norden von Paris genießt das multikulturelle Château Rouge dank des kometenhaften Aufstiegs des Modelabels Maison Château Rouge ein völlig neues Image. Das Label wurde 2015 von Youssouf Fofana und seinem Bruder Mamadou gegründet und feiert die afro-parisische Kultur des Viertels.

Minimalistisch, gesellig, kitschig, hipstermäßig und *afropolitaine* – Maison Château Rouge gehört zu einer neuen Generation aufstrebender Labels »made in Paris«. Der Concept Store in der Rue Myrha 40 im 18. Arr. verkauft auch senegalesische Musik, Bana-Bana-Bissap-Saft, afrikanisches Handwerk und vieles mehr.

Château Rouge trägt den Namen einer 1875 abgerissenen roten Ziegelsteinvilla aus dem 17. Jh. und ist eines der multikulturellsten Stadtviertel, weswegen es auch als »Little Africa« bekannt ist. Afrikanische Friseursalons und Lebensmittelgeschäfte reihen sich aneinander und es pulsiert eine Energie wie sonst nirgendwo in Paris.

In dem Viertel sind nicht nur viele afrikanische Firmen ansässig, Château Rouge ist auch der Name eines würzigen Rotbieres, das von der lokalen Brauerei Brasserie de La Goutte d'Or hergestellt wird. Sie liegt nur einen Sprung von der Metrostation entfernt und verkörpert das mutige, multiethnische *quartier*.

Bernard Tschumi, Architekt

Parc de la Villette ist der größte Kulturpark von Paris. Er liegt im Norden der Stadt, wo sich der Canal de l'Ourcq und der Canal Saint-Denis kreuzen. Das vom französisch-schweizerischen Architekten Bernard Tschumi entworfene Areal umfasst Konzertsäle, Spielplätze und Themengärten mit Drachen, Sanddünen und einem Spiegellabyrinth.

Die kolossale spiegelartige Kugel des für seine 3D-Filme und Spezialeffekte bekannten Kinos La Géode ist eines der schillerndsten Merkmale des Parks. Man findet sie neben der Cité des Sciences et de l'Industrie, dem besten Kindermuseum von Paris mit interaktiven Wissenschafts- und Technologieausstellungen auf drei Etagen.

Rote kubische *folies* im Park verweisen auf die Zierbauten (Follys) des 18. Jhs. und haben spielerische Namen wie »Folly vom Ende der Welt«.

Der Canal de l'Ourq wurde im 19. Jh. für die Wasserversorgung angelegt. Die ersten 20 km sind frei von Schleusen und können mit Touristenbooten befahren werden.

An den Kais des 108 km langen Canal de l'Ourq kann man spazieren gehen und vom Bassin de la Villette aus zusehen, wie sich der Pont de Crimée für Boote öffnet.

Die größte *folie* im Parc de la Villette heißt *L5* oder auch *Folie des Merveilles*. Auf drei Etagen residiert hier Villette Makerz, ein Labor für digitales Design.

Brunch, Tee oder ein Aperitif nach der Arbeit: Le Jardin de la Petite Halle gegenüber dem Kulturzentrum La Petite Halle im Parc de la Villette ist der Treffpunkt.

Von den drei Hallen aus der Zeit, als Villette noch ein Viehmarkt war, blieb La Grande Halle als einzige erhalten. Heute steht sie unter Denkmalschutz.

Wenn man die Regale der Librairie du Parc-Actes Sud in La Grande Halle durchstöbert, ist es kaum zu glauben, dass hier Anfang des 20. Jhs. täglich 5000 Ochsen und 23 000 Schafe geschlachtet wurden. Natürlich führt die Buchhandlung auch eine riesige Sammlung von Titeln über La Villette und seine Kanäle.

La Grande Halle befindet sich am Südeingang des Parc de la Villette. Auf dem Vorplatz mit der Fontaine aux Lions wurden einst Nutztiere getränkt. Die Schlachthöfe mussten 1974 weichen und Platz für den modernen Parc de la Villette machen: ein markantes und futuristisches Stück Stadtarchitektur.

Im 1. Arr. erheben sich hinter dem ehemaligen Marktplatz Les Halles die gotischen Türme der Église Saint-Eustache. Das glänzende Einkaufszentrum Forum des Halles markiert den Ort, an dem Ludwig VI. im Jahr 1137 die *halles* (Märkte) für die Händler bauen ließ, die sich in der Stadt einfanden, um ihre Waren zu verkaufen.

18 Uhr: Abends schaltet La Grande Halle einen Gang hoch: Galerien, ein Auditorium und ein Kino sind nur einige kulturelle Angebote in dem Gebäude aus Eisen und Glas, das aus dem 19. Jh. stammt und 10 000 Menschen Platz bietet. Im Parc de la Villette begeben sich Freunde klassischer Musik in die moderne La Cité de la Musique.

Philharmonie de Paris by Jean Nouvel

Die schlanken silbernen Konturen des Nachbargebäudes, Jean Nouvels schillernde Philharmonie de Paris, wurden 2015 enthüllt. Der Konzertsaal ist Teil der Gebäudegruppe La Cité de la Musique im Parc de la Villete im 19. Arr. Der Panoramablick vom Dach aus auf den gesamten Park ist unvergleichlich.

Mit seinen zwölf schönen Steinbögen und der Île de la Cité in der Mitte ist der Pont Neuf aus vielen Perspektiven ein Hingucker. Schlendert man unter ihm hindurch, sieht man die Gesichter von 381 *mascarons* aus Stein: Die Fabelwesen schmücken beide Uferseiten. Sie alle sind einzigartig und sollten ursprünglich böse Geister vertreiben.

Die Seine ist die Lebensader von Paris. Sie schlängelt sich durch das Herz der Stadt und berührt dabei zehn ihrer 20 Arrondissements. Die Pariser bleiben ihrer Flussseite überwiegend treu: *rive gauche* (linkes Ufer) im Süden war traditionell bürgerlich, *rive droite* (rechtes Ufer) im Norden dagegen aristokratisch.

Das neue Jahrtausend begann für die Pariser mit der Umgestaltung der Seineufer. Wo einst Autos vorbeirasten, genießen sie heute die Spazier- und Radwege an der Uferböschung. Dieser »Spielplatz« nennt sich Berges de Seine und umfasst das Gebiet von Pont d'Alma bis Pont Royal und von Pont Neuf bis Pont de Sully.

Pont au Change, die Brücke aus Victor Hugos Klassiker *Les Misérables*, ist ein beliebter Treffpunkt und lockt viele Straßenmusiker und andere Künstler an.

Die Spitze der tropfenförmigen Île de la Cité ist am späten Nachmittag unglaublich romantisch, vor allem wenn die Sonne über der Seine untergeht.

Shakespeare and Company ist seit 1951 die Adresse für neue und gebrauchte Bücher in englischer Sprache. Das ursprüngliche Geschäft (Rue l'Odéon 12 im 6. Arr., 1941 von den Nazis geschlossen) wurde von Sylvia Beach geführt und war ein berühmter Treffpunkt für Hemingways »Lost Generation«.

Die hohen Uferbefestigungen und die anmutigen Gebäude, welche die Seine säumen, wurden erst im 19. Jh. errichtet. Bis dahin dockten Boote, die Weizen, Wein und andere Güter in die Stadt brachten, direkt am Ufer an. Ihre Waren entluden sie auf unbefestigtem, zwielichtigem Gelände zwischen provisorischen Gebäuden.

19 Uhr: In Château d'Eau, einer kosmopolitischen Ecke unmittelbar westlich von République im 10. Arr., ist das Nachbarschaftsleben noch lebendig und intakt. Seit den 1990ern ist es für seine afrikanischen Friseursalons und Perückenläden bekannt, die sich zwischen traditionellen Lebensmittelläden, Tabakläden und Cafés drängen.

Im 9. Arr. verbindet die Rue Richer traditionelle Apartmenthäuser mit einem wilden Nachtleben. Cabaret Folies Bergère (1869) in Nr. 32 wurde berühmt, weil die afroamerikanische Tänzerin Josephine Baker 1926 hier in einem Rock aus Bananen (und ansonsten nicht viel) auftrat. Im selben Jahr entstand die schillernde Art-déco-Fassade.

Bei Sonnenuntergang ist der Parc des Buttes-Chaumont, der 1867 am nordöstlichen Stadtrand angelegt wurde, der romantischste Ort in Paris. Der hübsche Temple de la Sibylle, von einem römischen Tempel in Italien inspiriert, bildet die Krönung der vielseitigen Landschaftsgestaltung. Er steht auf einem Felsen in einem künstlichen See.

Erst 1860 wurde das Viertel Buttes-Chaumont zu einem Stadtteil von Paris. Bis dahin lag es außerhalb der Stadtmauern und war bekannt für seine trostlosen Gipssteinbrüche und seine grausamen Galgen: Vom 13. Jh. bis 1760 wurden hier Verräter aufgehängt und anschließend zur Abschreckung ausgestellt.

Die Aussicht vom hügeligen Parc des Buttes-Chaumont auf die Stadt ist fantastisch. Wasserfälle, alte Grotten, endlose Flora und Fauna und eine wunderschöne 63 m lange Hängebrücke aus Eisen, die von Gustave Eiffel höchstpersönlich entworfen wurde, verleihen dem Ort zusätzlichen Charme.

»Im Sommer ist der Parc des Buttes-Chaumont der perfekte Ort, um einen Tag in der Stadt ausklingen zu lassen. Seine Hügel baden in den letzten Lichtstrahlen, ehe die Sonne schließlich untergeht. Neben meinem schweren Fotokoffer schleppte ich auch eine Tasche mit frischem Brot, feinstem Essen und kaltem Bier die steilen Hänge hinauf und hinunter, in freudiger Erwartung meines Feierabends. Dann konnte ich mich nämlich dem friedlichen Treiben der Menschen anschließen, die sich auf den städtischen Hügeln ausstreckten und beobachteten, wie Paris vom Abend in die Nacht hinüberglitt.«

– *River Thompson*

20 Uhr: Auf zu einem nächtlichen Picknick! Schnapp dir eine Decke, ein Baguette, ein cremiges Stück Camembert sowie eine Flasche Rotwein oder Champagner und folge der Menge zu dem grasbewachsenen Hügel im Parc des Buttes-Chaumont, um der Sonne dabei zuzusehen, wie sie den Pariser Himmel rosa, orange und rot färbt.

Im Parc des Buttes-Chaumont genießt man einen wunderschönen und vor allem freien Ausblick auf die Pariser Skyline, und das ohne Touristenmassen. Falls man dennoch keinen Platz für die Picknickdecke findet, fährt man zur nahegelegenen Butte Bergeyre, einer weniger bekannten *butte* (Hügel) mit ebenso spektakulärer Aussicht.

21 Uhr: Eingeweihte Hipster – an der Straße hängt kein Schild – stoßen im Le Perchoir mit einem Cocktail auf das Wochenende an. Die Dachbar mit Loft-Restaurant im 6. Stock eines Industriegebäudes im rauen Ménilmontant ist so cool, dass man es kaum aushält, das Ambiente schick und der Panoramaausblick nachts unvergleichlich.

Es gibt keinen legendäreren Swing-Tempel als das Caveau de la Huchette. Es erstreckt sich in einem labyrinthartigen Gewölbe aus dem 16. Jh., das während der Französischen Revolution als Gerichtssaal und Folterkammer genutzt wurde. Seit 1946 ist hier ein Club für das jazzbegeisterte Paris beheimatet.

»Le Caveau de la Huchette ist ein legendärer Jazzclub, der in einer gepflasterten Straße liegt und täglich Livemusik bietet. Nachdem ich die Band getroffen hatte, die in dieser Nacht auf der Bühne stand, war mir klar, dass gute Fotos dabei herauskommen würden. Ich brauchte bloß noch herausfinden, wie genau ich sie ablichten konnte, ohne den Drehungen und Hebefiguren auf der gut besuchten Tanzfläche in die Quere zu kommen. Es stellte sich bald heraus, dass eine Handvoll älterer Männer und Frauen zum harten Kern der Stammkundschaft gehörte und wohl bis weit in die frühen Morgenstunden tanzen würde. Einer von ihnen ergriff plötzlich meine Hand, als ich über die Tanzfläche rannte, um ein paar letzte Porträts zu schießen – zum Glück hatte ich die Kamera als Entschuldigung.«

– River Thompson

22 Uhr: Das französische Quartett Marie-Laure Célisse & the Frenchy's rocken die Bühne des Caveau de la Huchette im Quartier Latin mit ihren Swing-Adaptionen klassischer französischer Songs. Die Eleganz, der Glamour und die verführerische Atmosphäre aus den 1950er-Jahren in Paris sind elektrisierend.

Hier sind Jazzgrößen wie Art Blakey, Count Basie, Scott Hamilton, Georges Brassens und Ronald Baker aufgetreten. Mit Brahim Haiouani am Kontrabass, César Pastre am Klavier und Germain Cornet am Schlagzeug ist es unmöglich, nicht zu tanzen. Sängerin Marie-Laure wandte sich nach ihrem Flötenstudium dem Jazz-Gesang zu.

Für rockigere Klänge ist Le Trabendo in einem der roten Pavillons im Parc de la Villette seit den 1990ern einer der heißesten Livemusik-Orte. Gigs und Clubnächte mit DJs gibt's hier an sieben Nächten in der Woche – Ben Harper, Metallica, Manu Chao und Green Day traten hier schon am Beginn ihrer Karrieren auf.

Im modischen Marais bereitet Simon Wittrup, Barchef und Manager im Le Mary Celeste, mit viel Sorgfalt einen Cocktail zu. Die beliebte Bar mit Ziegel- und Holzböden hinter Bleiglasfenstern wurde von Wittrups Team in die Stadt gebracht und gehörte zu den ersten Cocktailbars der neuen Generation.

Le Mary Celeste kombiniert gut gemischte Cocktails mit Austern (von September bis April) und köstlichen Gourmet-Tapas für mehrere Personen. Kurz gesagt: Fusion-Küche, Sirup *fait maison* und brilliant kreative Cocktails!

Courtesy of Moulin Rouge®

Verewigt in Toulouse-Lautrecs Plakaten und später in Baz Luhrmanns gleichnamigem Film, erstrahlt das legendäre Pariser Kabarett Moulin Rouge mit seiner 1925 errichteten Nachbildung der ursprünglichen roten Windmühle. Das Original, das 1915 abbrannte, eröffnete 1889 und war ein lebendiger Teil von Montmartre am Fin de Siècle.

Ja, das Moulin Rouge wird von Reisegruppen überrannt. Aber von den ersten Tönen bis zum letzten hohen Kick einer Cancan-Tänzerin ist das berühmteste Kabarett der Stadt ein faszinierender Wirbel aus fantastischen Kostümen, Sets, Choreografien und Champagner. Kleide dich elegant (keine Turnschuhe).

Titel der englischen Ausgabe
Paris – 24 hours and 250 photos in one city
November 2018
Herausgegeben von Lonely Planet Global Limited
CRN 554153
www.lonelyplanet.com

Publishing Director Piers Pickard
Associate Publisher & Commissioning Editor Robin Barton
Art Director Daniel Di Paolo
Fotograf River Thompson
Autorin Nicola Williams
Redaktion Yolanda Zappaterra, Nick Mee
Herstellung Larissa Frost, Nigel Longuet
Dank an Flora Macqueen

Verlag der deutschen Ausgabe
MAIRDUMONT GmbH & Co. KG
Marco-Polo-Straße 1, 73760 Ostfildern
www.mairdumont.com, www.lonelyplanet.de

Projektbetreuung Jana Duran, Andrea Wurth
Umschlagadaption d.s. fritz, Stuttgart
Übersetzung, Redaktion und Produktion
Verlagsbüro Wais & Partner, Stuttgart (Kai Wieland)

1. Auflage 2019
ISBN 978-3-8297-2685-6
Printed in China

FSC www.fsc.org MIX Papier aus verantwortungsvollen Quellen FSC® C021741

Das Papier in diesem Buch wurde nach den Forest Stewardship Council®-Richtlinien zertifiziert. FSC® fördert die umweltfreundliche, sozialverträgliche und wirtschaftlich tragfähige Bewirtschaftung des weltweiten Waldbestands.